LES HOMMES

Lausanne,
le 4.09.
2018

Ma petite Brigit,
l'amour ? Eh oui,
l'amour ....
je t'embrasse,
Joseph

Mise en page :
Marc-Antoine de Muralt, Lausanne
www.wmcom.biz

Correction :
Emmanuelle Narjoux Vogel, Paris
enarjoux@hotmail.com

Photographie de couverture :
Anne Voeffray, Lausanne
www.annevoeffrayphoto.ch

L'auteur a bénéficié pour ce livre d'une bourse à l'écriture de la FONDATION UBS POUR LA CULTURE.

THÉÂTRE

LES HOMMES

JOSEPH INCARDONA

fictio

bsn PRESS

PERSONNAGES

Sur scène :
POUPÉE
MAX
L'AGRESSEUR
LE GARÇON
L'ANGE NOIR

Séquences filmées :
KEN, mari de Poupée
L'HOMME, père de Poupée
LA PETITE FILLE, Poupée enfant

Au téléphone :
LE CONDUCTEUR

PROLOGUE

Noir.
Grésillement d'un diamant tournant sur le sillon d'un disque. (OFF)
Sur un drap blanc cachant la scène, le texte suivant apparaît projeté
et s'écrivant au fur et à mesure, en caractère d'imprimerie, tapés à
la machine :

> L'INCONNU
> Je vais tâcher de t'écrire un beau texte, Poupée.
> (Tout est si fragile.)
> J'avancerai de biais, comme un crabe. Prudent
> et intrépide. Garder pour toi l'humilité et l'émer-
> veillement. Depuis le temps qu'on est des clan-
> destins... Depuis le temps, le moment est venu de
> se cacher là où tout le monde nous regarde. Là où
> personne ne nous verra. L'évidence de toi et de
> moi qui t'écris pour te faire exister.
> Méfie-toi, tout de même. Pas de moi, mais des
> autres. Ne sois pas trop confiante.
> Des autres hommes.
> Fais gaffe sur la route, Poupée.
> Je t'attends.

Le texte disparaît.

Le grésillement devient musique. (OFF)

{REFRAIN :} *Que reste-t-il de nos amours*
Que reste-t-il de ces beaux jours
Une photo, vieille photo
De ma jeûnesse
Que reste-t-il des billets doux
Des mois d'avril, des rendez-vous
Un souvenir qui me poursuit
Sans cesse
Sans cesse
Sans cesse...

Le sillon est rayé.

Deux phares de voiture s'allument soudain derrière le drap, aveuglant le public.
Bruit de moteur, suivi d'un bruit de dérapage et freinage... Le caoutchouc racle le bitume, choc mat, tôle qui se froisse et verre brisé. (OFF)
Une respiration rapide, des pulsations. (OFF)
Silence.

I

Le drap se lève.
Un éclair zèbre la scène. Roulement de tonnerre, pluie. Nouvel éclair.

Par intermittence : l'intérieur d'une station-service. D'un côté, un bar poussiéreux avec son comptoir, des tabourets vissés au sol, un téléphone mural. De l'autre, une coursive surélevée, avec un garde-fou, sur laquelle sont empilés des pneus, un fût d'essence, des outils... Sur le mur, des publicités défraîchies pour une huile moteur et des marques de bougies, un calendrier avec des femmes nues.
Au pied de la coursive, une banquette de voiture devant deux palettes entassées faisant office de table basse. Des bouteilles de bière vides, quelques verres, un cendrier débordant de mégots.
Un palan sur son rail traverse la scène verticalement, deux langues de caoutchouc touchent presque le sol.
Dans le fond, une large baie vitrée dont certains carreaux sont brisés, des pneus usagés encore, entassés, des cageots de bouteilles de bière vides.
Le sol en damier paraît inégal dans ses proportions, il est recouvert tantôt de gravats, d'éclats de verre et de feuilles mortes.
L'ensemble est poussiéreux, sale. De toute évidence, il est déserté depuis longtemps.
Les perspectives sont comme faussées, un sentiment de déséquilibre s'échappe de l'ensemble.

Une silhouette se dessine derrière la baie vitrée où ruisselle la pluie. Les mains en coupe autour des yeux, une femme cherche à voir à l'intérieur. Ses doigts frappent la vitre. Les bagues tintent sur le verre.
Rien ne bouge à l'intérieur.
La silhouette contourne la baie vitrée, disparaît.

Un temps.

Bruit de porte qui racle, métal qui se décolle et résonne. (OFF)

Dans la pénombre entrecoupée d'éclairs, POUPÉE *apparaît à l'intérieur de la station-service. Elle manque de trébucher à cause d'une caisse de bouteilles vides, le verre tintinnabule.*

> POUPÉE
> Il y a quelqu'un ?

Un larsen lui renvoie l'écho de sa propre voix.

Plus doucement, presque comme une petite fille.

> Ouh-ouh, monsieur ? Madame ?
> Quelqu'un est là ?

À la lueur de son briquet, elle trouve un interrupteur. Un néon s'allume sur la coursive, près d'un établi où sont jetés des outils et un étau. Poupée se soutient au mur. Ses cheveux blonds platine sont humides, son imperméable est mouillé, en partie déchiré et sale. Une ecchymose sur le front, la pommette tuméfiée. Du sang a coulé le long d'une estafilade sur son avant-bras. Elle aperçoit le téléphone mural. L'un de ses talons, brisé, accentue sa claudication.

Poupée saisit le combiné, cherche la tonalité en appuyant plusieurs fois sur la fourche, en vain.

Désorientée, elle rejoint la banquette de voiture, s'y laisse choir. Elle regarde encore autour d'elle, désorientée.

> Mais qu'est-ce que je fous là ?
> C'est pas vrai ?!

Une souris couine dans son dos (OFF), *Poupée sursaute.*

Elle fouille dans son sac, en sort le téléphone portable qu'elle essaie d'allumer.

Jetant son téléphone sur la banquette.

> Et merde !

Elle prend son paquet de cigarettes. Le briquet en or scintille sous la pâle lumière. Ses mains tremblent.

Le téléphone mural sonne.

Poupée sursaute, interrompt son geste. Regarde l'appareil.

Elle hésite, finit par se lever.

Incertaine.

> Allô ?
> Allô, qui est à l'appareil ? Parlez, allô !
> Vous êtes un maniaque ?

Rire. (OFF)

> Je... Je suis blessée, monsieur le maniaque.

> VOIX (CONDUCTEUR, OFF)
> *(cessant de rire)*
> C'est vous qui étiez dans la Ford Mustang ?

> POUPÉE
> Rouge, oui.
> Je suis blessée, je vous dis.

Conducteur
Navré pour votre voiture.
C'est grave ?

Poupée
Je n'en sais rien. J'ai mal au dos.

Conducteur
Je veux dire : le bas de caisse a souffert ? Est-ce que
la transmission a été touchée ?

Poupée
Et j'ai aussi mal aux jambes.
La droite. La droite surtout me fait mal.

Conducteur
Celle sur le frein. La jambe tendue absorbe géné-
ralement le choc.

Poupée
Vous êtes médecin ?

Conducteur
Dentiste.

Poupée
Vous m'avez coupé la route, monsieur le dentiste.

Conducteur
Vous vous êtes rabattue au dernier moment. Votre
phare arrière ne fonctionnait pas.

Poupée
Lequel ?

CONDUCTEUR
Celui de droite. Comme votre jambe.

POUPÉE
Ma voiture est dans le fossé.

CONDUCTEUR
Un si beau modèle. Je m'en veux.
Où êtes-vous ?

POUPÉE
Je suis… Je ne sais pas… Dans une sorte de garage, une station-service ? Dites, c'est gentil de vous inquiéter après un délit de fuite.

CONDUCTEUR
Je ne suis pas censé être sur cette route cette nuit.

POUPÉE
Moi non plus…
Alors, comme ça, vous avez une maîtresse ?
C'est tellement banal, au fond, vous ne trouvez pas ?

CONDUCTEUR
Pas quand on le vit, non.

POUPÉE
D'ailleurs, je…

CONDUCTEUR
Quoi donc ?

POUPÉE
Vous avez remarqué ?

CONDUCTEUR
Ça dépend.

POUPÉE
Les choses les plus importantes arrivent toujours
par hasard ?

CONDUCTEUR
Oui, peut-être...
Maintenant que vous le dites...
Oui.
Une femme en Ford Mustang inspire forcément
des remords...

POUPÉE
C'est toujours mieux que des regrets...

Un temps.

Sur un ton badin.

Dites, vous êtes le genre d'homme pour qui toutes
les femmes sont fatales ?
Vous... Vous avez beaucoup à perdre ?

CONDUCTEUR
Femme, enfants, maison...
Une situation.

POUPÉE
Vous voulez dire quand la famille devient une
petite entreprise ? Quand chacun prend son
agenda pour...
Au fait, on dit agenda ou a*gin*da ?

CONDUCTEUR
Ag*in*da.

POUPÉE
Mais pourquoi ? Il n'y a pas de i ?

CONDUCTEUR
C'est une exception.
Je crois...

POUPÉE
Quand chacun prend son ag*in*da pour organiser
son emploi du temps ?

CONDUCTEUR
C'est l'économie qui veut ça, les responsabilités,
l'argent, la morale...
L'argent dit tout... Tout ce qu'on a à perdre.
Je ne suis pas différent des autres. Je n'ai pas pu
aller contre.

POUPÉE
Elle a l'avenir devant elle et vous, vous ne réus-
sissez plus à maigrir...

CONDUCTEUR
J'ai besoin qu'on m'emmène. Je n'en peux plus de
rester à ma place.
Combien de temps me reste-t-il à vivre ?

POUPÉE
Elle est jeune ?
Elle chante ? Une Italienne ?

CONDUCTEUR
Même pas. Mais elle sait me faire rire. Vous savez,
ce n'est pas facile d'être un homme et un dentiste.
Ne me jugez pas. Regarder toute la journée dans
des bouches, je voudrais vous y voir...

POUPÉE
Le prix du tartre... Vous gagnez quand même bien
votre vie, non ?

CONDUCTEUR
Une femme qui vous fasse rire. Et douce, aussi. La
douceur, madame. J'ai cherché ça toute ma vie,
la douceur.

POUPÉE
(souriant, comme attendrie)
J'aime bien votre voix. Vous êtes beau ?

CONDUCTEUR
Petit. Et gras. Je transpire facilement.
Mais moi aussi je peux être drôle...

POUPÉE
(comme pour elle-même)
Un drôle de dentiste, alors ?

Grésillement sur la ligne, la communication devient mauvaise.

Inquiète.

Allô ?! Monsieur le dentiste ?

CONDUCTEUR
Écoutez, j'ai fait le chemin en sens inverse.

> Votre voiture est bien dans le fossé, mais il n'y
> aucune station-service.

> Poupée
> Abandonnée. Elle est abandonnée... C'est facile,
> tout près de la route...

Bruit d'une trappe qui s'ouvre (OFF) et faisceau de lumière illuminant le plafond au-dessus du comptoir.

Se désintéressant de la communication, attirée par le bruit et la lumière.

> Regardez bien. C'est tout plat. Vous ne pouvez pas
> la manquer, il y a comme...

La trappe se referme. (OFF)

Un HOMME (MAX) *se redresse derrière le comptoir. Il enclenche une série de leviers d'interrupteurs, des néons s'allument au-dessus du bar.*

L'homme, massif et grand, ajuste un calot blanc sur sa tête, resserre le nœud papillon noir sur sa chemise blanche et défraîchie dont les manches sont coupées aux épaules. Il porte de vieux tatouages sur ses bras. Sa gueule est burinée, un nez cassé. Il se retourne et ouvre le rideau de fer cachant les bouteilles derrière le comptoir.

> Conducteur
> Je vais appeler la dépanneuse et...
> Allô ? Vous êtes là ?
> Vous êtes... ?

La conversation est interrompue. Poupée a laissé tomber le combiné qui pend maintenant au bout du fil. Bruit de bip du téléphone.

Poupée se dirige vers l'homme, son visage s'éclaire, entre surprise et incrédulité.

> POUPÉE
> Max ?
> C'est toi, Max ?!

Max prend un torchon et commence à nettoyer la pompe à bière. Il lève finalement la tête et regarde Poupée.

> Bon sang, ce que t'as vieilli !

> MAX
> T'es pas mal non plus...
> *(interrompant son geste)*
> Merde, Poupée, ça fait bientôt 40 ans.
> T'imaginais quoi ?

> POUPÉE
> Tu as raison. On s'est reconnus, c'est déjà bien.
> En quelle année c'était ?

> MAX
> Laisse tomber.
> On réussira seulement à se faire du mal.

Un temps.

Poupée regarde autour d'elle.

> POUPÉE
> Et... qu'est-ce que tu fais là ?

> MAX
> Je t'attendais.

On m'a dit que tu arriverais. Alors je t'attendais.

POUPÉE
Tout ce temps, tu... Tu m'as attendue ?

Max acquiesce.

On était des gosses, Max.

MAX
Justement...
Je t'ai cherchée longtemps.
Dans le regard des autres femmes, dans leurs mains. Leur corps...

POUPÉE
Non.

MAX
J'entendais ton rire bien après que...

POUPÉE
Arrête.

MAX
Quand tu riais, j'étais bien.
C'était comme ça : j'étais bien.

POUPÉE
Mais tu ne pouvais pas suffire, tu sais bien ?
Il fallait que je voie, que j'explore, que je...
La jeunesse, c'est fait pour ça, non ? Pour se tromper...

MAX
Que tu te fasses sauter par...

Comment il s'appelait déjà, ce couillon ?

POUPÉE
Dimitri...

MAX
Voilà. Baisée par Dimitri.

POUPÉE
On était jeunes, je te dis.

MAX
Arrête avec ta jeunesse.
Ça te dédouane pas.

POUPÉE
Comment veux-tu qu'on sache ce qui est important ? Ce qui restera ? Ce qu'on oubliera ?

MAX
On est ce qu'on est. Dès le début.
Le problème, c'est de le savoir.
La plupart du temps, on meurt dans l'ignorance.

Un temps.

Bon, je te sers quelque chose ?

Poupée acquiesce. Max se tourne, prend une bouteille derrière lui, deux verres qu'il pose sur le comptoir.

Faisant allusion à l'imperméable que porte encore Poupée.

Mets-toi à l'aise.

POUPÉE
J'ai froid.

MAX
C'est l'endroit qui veut ça.
J'ai terminé le fuel et ils sont pas prêts de me livrer...

Un temps.

Mille neuf cent et quelque...

POUPÉE
Quoi donc ?

MAX
L'année : Mille neuf cent et quelque. T'avais seize ans. Moi dix-sept.
(sortant une photo racornie de sa poche de chemise)
Approche, là, tu te souviens, on avait fait du camping...

POUPÉE
(riant)
Mon Dieu, cette coupe de cheveux !
T'as vu ta chemise ?! Oh là là !
La chanson, il y avait une chanson...
Laquelle c'était, déjà ?

Max se penche, prend un jeton sous le comptoir et le pose près du verre de Poupée.

MAX
Toi et ta mémoire à la con...
(désignant un meuble recouvert d'un drap)
B6.

Poupée se dirige vers le meuble en question, ôte le drap qui le recouvre.
Max abaisse le levier d'un interrupteur : le juke-box s'allume.

Poupée enfile le jeton dans la fente, sélectionne la chanson sur B6 :
« I'm Sorry », de Brenda Lee.

Poupée se déhanche, appuyée au juke-box, se retourne et regarde
Max, l'invitant à danser.

> Je danserai pas, Poupée.
> Compte pas sur moi.

Poupée s'approche, lui adresse un sourire ami, l'expression sincère
d'une intimité autrefois vécue. Max passe une main sur sa bouche,
contient son émotion.

> Non, Poupée, je t'en prie.

Poupée longe le comptoir, ne l'écoute pas et prend sa main. Max se
laisse faire, Poupée l'accompagne doucement jusqu'à l'extrémité du
comptoir. Max marche en boitant, Poupée marque une hésitation.

La musique continue de jouer.

Poupée découvre la jambe artificielle de Max, elle esquisse un mou-
vement de recul, se ressaisit.

> POUPÉE
> *(le prenant doucement dans ses bras)*
> Pardonne-moi, Max.

Les deux se mettent à danser. Mouvement de deux corps tenant à
peine en équilibre, mais dans une certaine fluidité. La jambe artifi-
cielle et le talon brisé.

J'ai cru d'abord que tu t'étais coupé les veines.

MAX
La rumeur.

POUPÉE
J'ai appris ça des années plus tard.
Une copine de classe revue au centre commercial.

MAX
Entre la salade et les artichauts.

POUPÉE
T'es con.

MAX
Seulement triste.
J'y avais pensé, d'abord, aux veines...
Finalement, j'ai opté pour le train. Je trouvais que ça avait plus de gueule. Sauf qu'au dernier moment, j'ai reculé...
J'ai foiré ça aussi, du coup. Comme le reste.

POUPÉE
Te blâme pas.

MAX
J'ai toujours manqué d'assurance.
C'est toi qui me disais ça.

POUPÉE
(s'arrêtant et prenant du recul pour regarder Max et sa jambe artificielle)
C'est pas si mal, tu sais ?

Je trouve que ça a de la gueule... T'as raison.

MAX
Tu crois ?
Un survivant, un moitié-mort.
Un zombie.

POUPÉE
L'amour qui va si loin, ça interroge, forcément.
C'est flatteur. On se demande si cette dévotion
n'était pas une vérité, un cadeau qu'on a négligé.

MAX
Surtout quand on vieillit, surtout quand la jeunesse a foutu le camp. On se rappelle alors ce type
avec sa jambe foutue, le pauvre gars qui a voulu
se flinguer par...
(presque gêné de le dire)
Par amour...

POUPÉE
Ça m'a fait croire que j'étais importante.

MAX
Mais tu l'étais, nom de Dieu.
T'étais tout ce que j'avais.

POUPÉE
S'il te plaît.
J'ai pas pu t'aimer comme tu voulais, Max, c'est tout.

*Max ne semble plus écouter Poupée, attentif à de légers bruissements
à l'extérieur du local où l'orage s'est tu.*

Max se détache de Poupée et rejoint rapidement le bar. Sa jambe artificielle ne l'empêche pas d'être lest, il y est habitué.

D'ailleurs, je vais partir.
(se dirigeant vers la banquette pour récupérer son sac à main)
Tu entends ? On vient me chercher...

MAX
(sortant un fusil à pompe de derrière le bar, vérifiant la charge)
C'est pas celui que tu crois, Poupée.

POUPÉE
Tu m'effraies, Max.

Max se retourne, regarde Poupée.

MAX
Ici, ne t'attends à rien de ce que tu connais.
Je ferai mon possible.

POUPÉE
Qu'est-ce qui se passe ?
J'ai peur, Max...

MAX
Jusqu'au bout, Poupée. Le chevalier à la jambe de bois, c'est moi.

Max déverrouille la porte vitrée et sort.

II

Poupée prend la bouteille sur le comptoir, se sert un verre qu'elle boit d'un trait.

POUPÉE
(se ressaisissant)
Bon, fini les conneries !
(récupérant son sac, nouant la ceinture de son imperméable)
Tu te tires de cet endroit, Poupée, tout de suite...
Ça pue, c'est moche, c'est vieux... Ça respire la
mort, et moi de la mort, j'en veux pas...
Se foutre en l'air pour une bonne femme ! Quel
idiot ! Pour moi qu'en vaux même pas la peine !
(à elle-même)
Mais regarde-toi avec tes seins qui pendent, tes
bajoues, tes rides ! T'es même devenue sèche là
en bas !
(à la cantonade)
Hé, Max ?! C'est pour ça que tu voulais te flinguer ?
Pour ce tas de viande ? Cette espèce de vieille ?
*(se reprenant, lissant son imperméable, remettant tant
bien que mal en place sa chevelure ébouriffée)*
Bon, j'étais belle, d'accord. Très belle même, je
pouvais choisir. Je les regardais et je pouvais
choisir. Les avoir tous si j'avais voulu. Tous. C'est
ce qu'on croit, ce que croient les hommes. On ne
choisit rien, on ne sait rien. On est juste là avec
sa belle gueule, mais on ne sait rien.
*(elle regarde sa montre, remet en place une de ses chaus-
sures – d'un ton rapide, dans l'urgence)*

T'es partie à 19 heures, t'as eu un petit souci, un connard de dentiste te coupe la route, tu finis dans le fossé, t'as pris du retard sur ton plan, mais rien n'a changé...

... C'est rien, rien... T'as du fric, tes cartes de crédit... Tes valises sont dans le coffre, récupérer tes valises... Alors, voilà ce que tu vas faire. Un : te tirer d'ici. Deux : trouver une dépanneuse. Trois : passer la nuit dans un motel. Une douche, changer de fringues et ensuite...
(chantonnant)
« Arriva, Gigi l'amoroso ! »

VOIX (KEN, OFF)
Et un médecin ?
Tu ne crois pas que tu devrais voir un médecin ?

Poupée s'immobilise, pose une main sur sa gorge. Cette voix lui inspire une sorte de crainte.

L'image sur l'écran de télévision se fait plus nette.
Le visage de Ken apparaît : bel homme d'une soixantaine d'années, cheveux grisonnants, hâle du sportif, il porte un col roulé noir. L'image est dédoublée sur une des parois derrière Poupée, sorte d'hologramme.

KEN
Tu es mal en point, Poupée.
La voiture me semble hors d'usage.

Poupée se tourne vers le poste de télévision.

Tu crois que tu peux partir comme ça ? Quitter la maison sur un coup de tête ? Un caprice ?

POUPÉE
Je suis libre.

KEN
Libre, oui...

POUPÉE
J'ai décidé.

KEN
Tu ne peux pas vivre sans moi.
Tu sais, ça ?

POUPÉE
Laisse-moi.
J'ai fait le plus dur.

KEN
Tu veux dire d'avoir trouvé le courage ?

POUPÉE
Me libérer de toi, oui.

KEN
Tu sais très bien que tu en es incapable.
Ma petite Poupée d'amour...

POUPÉE
Partir. Cette fois, c'est la bonne.

KEN
(allumant une cigarette, calme)
Les clés sont sur la porte et la porte n'est pas

fermée. C'est ta maison. C'est toi qui l'as meublée. C'est toi qui as validé les plans. Ta maison, Poupée. Je mettrai ça sur le compte du stress ou de ta dépression chronique. Je ne t'en tiendrai pas rigueur. Je renouvellerai tes antidépresseurs. Tu peux revenir. Ce soir même. Je t'envoie un taxi.

POUPÉE
Tu... Tu ne viendrais pas toi ?

KEN
J'ai du travail. Des patients jusqu'à tard.

POUPÉE
Tes « patients », oui. Tu veux dire celles qui t'ont sucé ?

KEN
Ceux qui ont payé ta maison, la résidence secondaire à la montagne, les fourrures, les vacances pour aller où tu voulais, la putain de Ford Mustang que tu viens de bousiller !

POUPÉE
Je croyais que c'était un cadeau.

KEN
Un cadeau, oui. Pas un moyen d'évasion. D'ailleurs, tu n'as jamais su la conduire. Trop émotive, cette faiblesse dans ta jambe droite, réactive... Toujours à fleur de peau.

POUPÉE
Peu sûre de moi, bipolaire, tendance à une légère mais persistante schizophrénie... Je sais tout ça...

C'est ton diagnostic...
Après ça, c'était facile de m'avoir, de m'épouser...

KEN
Je t'ai voulue, Poupée. Je t'ai eue.

POUPÉE
J'étais fragile.

KEN
Je suis fort.

POUPÉE
Arrogant.
J'ai pris ça pour de la force.

KEN
Je t'ai eue. Point.

POUPÉE
Avec la ruse, sans sincérité.
Qu'est-ce que ça vaut ?

KEN
Tu as épousé un homme de pouvoir, un homme
riche, admiré. Tout ça a rejailli sur toi.
Ce que je veux, je l'ai.

POUPÉE
« Ce »...
Une chose.

KEN
Je t'ai faite, Poupée, je t'ai modelée.
Tout ce que tu es devenue.

POUPÉE
Il te fallait cette femme.
Dans l'ombre de ta lumière.

KEN
Belle.

POUPÉE
Avant toute chose.

KEN
L'apparence, mais sans ostentation. Suscitant l'admiration, mais sans jalousie. Une rivale atteignable pour les femmes. Une maîtresse potentielle pour les hommes. Qui sache se tenir tout en laissant de la marge à leurs caprices.

POUPÉE
Solide éducation, une bourgeoise.

KEN
Avec du savoir-vivre. Sachant recevoir. Et tenir la maison. L'aspect décoratif de la maison, car pour ce qui est du ménage, tu n'as jamais vraiment sali tes jolies mains.

POUPÉE
Instruite.

KEN
Sans aller jusqu'au doctorat. Mais ayant de la conversation, oui. À peine au-dessous de la surface. Les convives apprécient cette profondeur relative.

POUPÉE
De l'entregent.
Qu'on puisse secrètement me désirer.

KEN
Oui, les maris. Les confrères. Leurs femmes aussi.
Parfois.

POUPÉE
Dans leurs fantasmes.

KEN
De l'entrejambes !

Poupée rit, emportée par le rire de Ken, soudain complice.

POUPÉE
T'es con !

KEN
(se reprenant)
Ton décolleté ne les laissait pas indifférentes.
D'ailleurs, il me semble que plus d'une fois, tu n'as
pas hésité à leur montrer ce dont tu étais capable.

POUPÉE
C'était pour toi, pour te faire plaisir.
C'était pour...
Pour te garder.

KEN
De l'amour ?

POUPÉE
De la soumission.

Quand j'ai cru t'aimer, oui.

KEN

L'amour, comme tu dis, englobe une gamme de sentiments accessoires.
Des constructions annexes, des passages secrets.

POUPÉE

Ça ressemble à un château fort.

KEN

Et tu serais la princesse dans ta tour d'ivoire ?
Tu te rends compte dans quel gouffre tu te trouves ?
L'inadéquation entre tes aspirations et le réel de ta vie ? Tout ça, Poupée, c'est du vent. Faut revenir, maintenant.

POUPÉE

C'est ma dernière possibilité pour m'approcher de moi-même.

KEN

Pauvre conne !

POUPÉE

Oui, je suis une conne.
C'est la chose la plus juste que tu m'aies jamais dite depuis longtemps.
Conne de ne pas avoir pris mon envol, conne de ne pas avoir choisi, conne de penser que j'avais besoin de toi pour vivre, d'un homme, ah ! Un homme ! Un homme !

KEN

Ça y est, tu vas frapper sous la ceinture.

POUPÉE

J'ai joui, mais sans plaisir, si tu veux savoir.

KEN

C'est tout ce que vous avez, n'est-ce pas ?
Quand vous avez épuisé le reste ?

POUPÉE

C'est drôle, pourtant.
C'est si important, ça vous touche dans l'orgueil,
et puis quand il s'agit d'en parler, vous avez peur.

KEN

De ce point de vue là, je suis blindé. J'ai suffisamment eu de reconnaissance pour savoir ce que je vaux dans un lit.

POUPÉE

Ah, oui ? Alors écoute ça : un plaisir sec. À terme.
Qui finit là où il commence. Qui ne dure pas après l'acte, ne se prolonge pas dans le désir toujours à vif, une onde qui se propage encore, bien après.
Elle reste dans ton corps, elle te suit, t'obsède, demande que tu recommences...
(Pour elle-même, un constat)
C'est drôle, je n'ai jamais souhaité que tu recommences. Jamais deux fois de suite.

KEN

En effet, tu t'endormais aussitôt...

POUPÉE

J'ai cru comprendre mon corps, je croyais me connaître tout entière, je n'étais qu'à la moitié du chemin, tu m'as donné un plaisir fonctionnel.

KEN
Parce que maintenant, tu saurais ?
Toi et ton désir ? Toi et ton... onde qui se propage ?
Tes conneries sur la jouissance ?

Silence.

Qui est-il ?

POUPÉE
Tu ne sauras rien.

KEN
(s'agitant sur l'écran comme dans un bocal)
Qui est cet homme ?!
Salope !

POUPÉE
Qu'est-ce qui te touche le plus ?
Qu'est-ce qui te fait le plus mal ?
De me perdre ? Ou de te voir blessé dans ton
amour-propre ?

Une série de coups de feu résonnent à l'extérieur.
Poupée se fige, lève la tête. Ken tourne la tête, lui aussi.

KEN
C'est quoi, ce bordel ?!
T'es où, Poupée ?

POUPÉE
Je crois que... Peut-être que je suis... Je l'ignore...

Max est de retour, sa chemise porte des traces de boue, ses cheveux sont
mouillés. Il tient son fusil à pompe à bout de bras, il semble exténué.

MAX

J'ai pu les repousser pour le moment, mais ils reviendront, c'est sûr...
Ces charognes !

KEN

(apercevant Max et sa jambe artificielle, se met à rire, sarcastique)
C'est ça ?! C'est lui ton amant ? L'homme qui te fait jouir, celui du plaisir ?! Un homme de Néandertal, ça te va si bien... Avec tes bijoux, tes fourrures et tes foulards Hermès de m...

Max s'approche de la télévision et tourne le bouton. Ken disparaît.

III

MAX
(posant le fusil sur le comptoir)
Pour être libre, il suffit d'éteindre.
Téléphone, télévision, écrans. Tout. Éteindre.

Un temps.

Tu vois ? C'est facile.

Un temps.

C'est ton mari ?
(baissant la tête)
C'est vrai qu'il est beau.
La beauté l'emporte toujours au bout du compte.

Max prend un balai et commence à nettoyer le sol : des gravats, du verre, des feuilles mortes. Le damier noir et blanc révèle des proportions incongrues, pose comme un malaise dans la perspective qui se déploie.

POUPÉE
(s'approchant de Max)
Je regrette. Je regrette, Max.
Mais faut pas dire ça.

MAX
Les regrets qui arrivent après, ça vaut rien.

POUPÉE
Les regrets peuvent te tuer, peu importe quand.
Regarde-moi.

MAX
Mes regrets sont définitifs, ils sont ma défaite. Les
tiens sont des regrets de salon. Tu es superficielle,
Poupée, c'est comme ça.
Je ne t'en veux pas. Tu es comme tu es.

POUPÉE
J'ai changé. Tout à la fin. C'est toi le plus beau.
Je le sais maintenant.

MAX
Pas de ta pitié, s'il te plaît.

POUPÉE
Ce n'est pas de la pitié. De la compassion.

MAX
Pour toi-même ? Tu t'apitoies...

POUPÉE
Aussi. Je pleure et mon cœur saigne.

MAX
Ah, le lyrisme...

POUPÉE
Joue pas avec ça. Tu deviens amer.
Les cœurs ont toujours saigné et saigneront.
Mes regrets s'amoncellent. Et maintenant que j'ai
enfin compris, j'ai l'impression qu'il est trop tard.

MAX
(à lui-même)
L'expérience est un peigne qu'on te donne lorsque
tu deviens chauve.

POUPÉE
Tu crois qu'il est trop tard Max ?
Qu'on finit toujours par plier, par devoir payer ?

MAX
Pour moi, oui. Moi, je suis déjà foutu.
Mais toi...
Toi, peut-être que tu vas y arriver.

Un temps.

Tu as...
Enfin...
Vraiment...
Tu es amoureuse, Poupée ?

Silence.

Je sais que c'est pas de moi. Peut-être que tu m'aimes un peu.
Mais, je veux dire, l'amour fou, celui pour lequel tu te déchires la peau ?
Cet homme existe ? Il en vaut la peine ?

POUPÉE
Il m'attend, Max.
C'est pour ça que j'ai pris la route.
Il est comme une frontière que je dois franchir.
Il est de l'autre côté...

MAX
(ému)
Je ferai en sorte que tu y arrives, Poupée.

POUPÉE
Ton amour est donc si grand ?
Ton amour dans le sacrifice, le renoncement ?

MAX
Ce que tu éprouves pour lui...
Je l'éprouve pour toi.
Le plus grand bonheur, le plus grand malheur
disent qui tu es.
Je le sais grâce à toi.

POUPÉE
Tu comprends ta place dans le monde, tu n'as plus
peur...
Le cœur que tu lances loin devant toi pour lui
courir après...

MAX
Plus de mensonges. Je suis là comme tu me vois,
Poupée.
J'ai traversé le miroir, ma vie ne me suffit plus.
C'est incompréhensible, mais c'est comme ça. Et
sans toi, je suis foutu, l'ombre de moi-même...

Un temps.

POUPÉE
On n'est pas dans la merde, hein ?

Les deux sont secoués d'un rire nerveux.

Poupée soudain respire avec peine.

MAX
Poupée !

POUPÉE
Je n'arrive plus à... respirer...

MAX
(la prenant dans ses bras et l'emmenant sur le divan)
Ça va passer, ça arrive parfois... Ne t'inquiète pas.
Tant que je suis là, ils ne peuvent rien. Calme-toi,
voilà, comme ça, respire, doucement...

POUPÉE
Où est-on, Max ?
Qu'est-ce qui m'arrive ?
J'ai froid, tu sais...

*Max se dépêche d'aller lui chercher une vieille couverture. En passant
devant la baie vitrée, il scrute l'extérieur. L'orage est passé. La lune
brille à nouveau : on devine une plaine dans le lointain, une sorte
de désert.*

Il revient vers Poupée, l'installe confortablement.
Il prend ensuite des bûchettes qu'il enfourne dans le poêle à bois.

MAX
Je vais m'occuper de toi, on va se réchauffer.
Tout va bien se passer, tu verras...

*Max prend son fusil à pompe, le charge avec deux nouvelles car-
touches.*

Je n'ai plus de viande.
Faut que je reparte à la chasse.
Je voulais pas qu'on se loupe, tu comprends ?
Que t'arrives et que je ne sois pas là.

Poupée soudain reprend vie, écarte la couverture, se lève.

POUPÉE
(*rejoint le poste de télévision, touche les boutons en cherchant à l'allumer*)
Ken, t'es là ? Mon amour ? Mon connard d'amour ?!
T'es où ? Enfoiré !

Poupée pousse la télévision qui s'écrase au sol.

T'es plus là, bien sûr ! T'es nulle part !
Est-ce que Ken et Barbie ont des enfants ?
Je m'en souviens de ta blague, foireuse ! T'en as jamais voulu, d'un enfant. Ou alors tu n'as pas pu. Tu ne savais pas, tu hésitais. Tu reportais au lendemain, toi le bosseur, toi l'homme de toutes les circonstances. Mais l'enfant, ça te faisait peur. Tu perdais de ta vigueur rien que de l'évoquer !
(*à Max*)
Tu vois, Max, c'est moi qui aurais dû m'occuper de quelqu'un, sortir de moi, me montrer généreuse. À présent, je lui en veux, mais c'est moi qui ai manqué de courage, c'est moi qui pensais à mes plaisirs, à mon fitness, à ma routine... La peur de déformer mon corps, quelle connerie ! Le corps qui est si beau avec des vergetures, des tiraillements, des bouts abîmés... Et ça ne reviendra pas, je vais crever avec un beau corps de vieille, bien conservée, avec ma ligne de jeune fille... J'ai manqué de courage... C'est moche quand tu n'as plus le choix, les désirs quand tu n'as plus les moyens de te les permettre... J'ai fait l'amour tant de fois, peut-être que ça aurait pu en valoir la peine, peut-être que j'ai un grand vide dans mon ventre que je n'ai jamais su remplir, que je ne débouche nulle part... Que je suis finie, terminée, que le monde finit avec moi et mes yeux qui se ferment et mon corps qui se relâche...

Un temps.

Et toi, Max ?

MAX
(incrédule, fixe la télévision renversée au sol)
T'as bousillé la télé, Poupée.

POUPÉE
C'est pas toi qui m'as dit qu'on éteignait tout ?

MAX
Oui, mais... Pas comme ça...
C'est tout ce que j'avais pour mes soirées d'hiver.
Pour l'éternité.

POUPÉE
Oui, mais toi ?

MAX
Quoi moi ?

POUPÉE
Les enfants.
Tu en as eu ?

MAX
(faiblement)
Deux.
Non, trois.

POUPÉE
Ah ouais ?
Dis donc, le mal d'amour, ça t'a pas empêché de
jouer au lapin.

MAX

Fallait bien survivre, non ?

Et puis quand une femme veut un enfant, faut lui dire oui. Faut juste se taire et dire oui. C'est ça aussi, être un homme. C'est pas ce que tu lui reproches, à ton guignol de mari ?

De toute façon, je ne les vois plus depuis longtemps.

POUPÉE

Tu veux dire qu'on est toujours tout seul dans la vie ?

MAX

Je dis pas.

J'affirme.

POUPÉE

Tu étais quand même plus rigolo à l'époque.

MAX

Reviens pas là-dessus, Poupée...

IV

Un GARÇON, *(12/13), apparaît le long du bar. Silencieux, il dépose un journal sur le comptoir et s'installe sur un des tabourets, tourne à 180 degrés sur lui-même.*

Max se tend, saisit une batte de baseball pour se défendre.

> POUPÉE
> C'est quoi ce truc ?

> MAX
> Un gosse.

> POUPÉE
> Je vois bien. Mais qui c'est ?
> Un des tiens ?

> MAX
> Je ne crois pas, non.

> POUPÉE
> *(s'approchant)*
> Mais un enfant, ça ne peut pas faire de mal, non ?

> MAX
> *(éloignant Poupée)*
> Le touche pas !
> Des fois, ils emploient la ruse...

Max tourne autour de l'enfant, prêt à le frapper.

POUPÉE
« Ils » ! C'est qui « ils » ?!
C'est encore un enfant, merde !

MAX
Si c'est le cas, tu devrais parler correctement en
sa présence.
Il y a du noir ?

POUPÉE
Où ça ?

MAX
Ces habits ne sont pas noirs ?

POUPÉE
Mais non, tu vois bien.

MAX
Parfois, ils emploient la ruse, je te dis.

POUPÉE
(au garçon)
Comment tu t'appelles ?

GARÇON
Tu le sais.
Regarde-moi.

POUPÉE
Il me semble que...
(troublée)
Non, ce n'est pas possible...
Je ne vois pas, non...

Max déplie le journal sur le comptoir, commence à lire.

> MAX
> *(chausse des lunettes de lecture)*
> « Un glacier rend un corps après 60 ans. »
> *(se racle la gorge)*
> « Le corps d'un homme, restitué au pied d'un glacier après une soixantaine d'années, est celui de Hansjorg Peter. L'homme, alors âgé de 32 ans a été formellement reconnu par son fils âgé aujourd'hui de 53 ans. L'homme était parfaitement conservé par le froid dans sa tenue d'alpiniste de l'époque. Dans la poche de sa veste, on a retrouvé ses papiers ainsi qu'une photo de sa femme et de son enfant. L'homme était tombé dans une crevasse et porté disparu durant toutes ces années.
> *C'est troublant,* confie le fils, *de voir mon père plus jeune que moi aujourd'hui…* »

Poupée prend la main que lui tend l'enfant.

> POUPÉE
> Ce serait toi ?
> C'est bien toi ? Mon papa ?

> MAX
> Hansjorg Peter ?

> POUPÉE
> *(calme et souriante, caressant le menton de l'enfant)*
> Mais non, ce n'est pas Hansjorg Peter.
> Tu vois bien, c'est une métaphore, une image…
> C'est mon papa, une relativité du temps.

MAX
Ils emploient la ruse, je te dis.
Ils sont malins, capables de tout.

POUPÉE
(au garçon)
C'est drôle, tu ressembles à une fille.

GARÇON
Jusqu'à un certain âge, comment savoir ce qu'on
est, ce qu'on deviendra. Si on sera un homme ?
Je ne savais même pas que tu existerais un jour.
Tu n'étais même pas dans mes pensées.
Viens là. Viens là, ma Poupée.
Pose-toi sur mon cœur.

*Poupée se fait toute petite, se love contre le corps de l'enfant qui est
assis sur son tabouret, à sa hauteur.*

Je t'ai vue pendant toutes ces années. Je t'ai vue
courir, te perdre, tomber. Je t'ai vue te relever. Je
t'ai accompagnée jusqu'où j'ai pu, comme j'ai pu.
Après, je t'ai perdue. Parce ce qu'on finit toujours
par perdre son enfant.

MAX
Les adultes, c'est de la chierie.

GARÇON
C'est lui qui t'a aimée, n'est-ce pas ?
(à Max)
Je vous suis reconnaissant, monsieur.
Tous les pères devraient l'être envers les hommes
qui aiment leur propre fille.
(à Poupée)

Je me souviens quand je te portais dans mes bras, emmitouflée. Je marchais tous les matins le long du fleuve, je chantonnais. De la buée s'échappait de ma bouche. Il faisait froid. Tu es une enfant du printemps née en hiver. J'ai été ton père, maintenant je suis le vent, le souvenir. Le temps passe, efface, brouille. Il y a juste un homme et une femme. Au final, il y toujours un homme et une femme, et ça ne veut plus rien dire. Il reste les âmes. Et puis, même plus ça, plus rien.

Tous ces moments, Poupée. Il viendra un moment où tout sera oublié. Ces instants de bonheur fragile, nos disputes, nos tendresses... Tu le sais, n'est-ce pas ?

MAX
(séchant une larme)
Parce que, Poupée, moi aussi, ça me fait chialer, ces conneries.

POUPÉE
Qu'est-ce qu'il reste, alors ?
Qu'est-ce qu'il nous reste ?

MAX
(au garçon)
Allez, tire-toi, maintenant.
T'es pas venu pour la faire souffrir.

POUPÉE
Arrête, Max.
Laisse-le, c'est un gosse.

MAX
C'est juste des larmes et encore du chagrin.
T'en as pas assez du chagrin ?

GARÇON
(à Poupée)
Je suis venu te dire adieu.

MAX
(levant sa batte de baseball, menaçant)
Elle est pas encore foutue !
Va-t'en !

GARÇON
(se dégageant de Poupée)
Ne lui en veut pas. Il essaie, il te retient comme il peut.
N'en veut jamais à un homme qui t'a aimée.
Jamais, Poupée.

Coupure de courant.
Noir.

V

Sur le mur, les images d'un film Super-8, muet, seulement le bruit d'un projecteur. Une petite fille, qui ressemble à Poupée, court dans un champ de blé en riant, poursuivie par son père (adulte) qui essaie de l'attraper.

Le père rit aussi, s'amuse de la situation de sa fille effrayée, puis son visage devient plus grave, jusqu'à ce qu'on devine qu'il hurle à sa fille de revenir.

La petite croit encore qu'il joue, regarde son père derrière elle, elle rit de plus belle et ne se rend pas compte du précipice qui s'ouvre derrière les épis.

Max rétablit la lumière. Le film stoppe, l'image disparaît.

Max prend son fusil, le charge et se hâte.

> MAX
> *(s'arrêtant au seuil de la porte vitrée)*
> Prends la batte, tu barricades derrière moi.
> Même si je te supplie, tu n'ouvres pas, d'accord ?
> N'ouvre pas, quoi qu'il arrive.
> *(il fait mine de sortir, hésite)*
> Tout ce qu'il nous reste, Poupée.
> Tout ce qu'on a, est le présent.

Poupée obéit et fixe la batte de baseball entre les poignées, vérifie que la porte est bloquée.

Poupée se serre dans ses bras, s'approche du poêle, cherchant à se réchauffer.

Elle regarde son corps, tâte ses blessures, grimace.

Elle récupère son téléphone sur le divan, essaie une nouvelle fois de l'allumer, se résigne. Fait un essai avec le téléphone mural qui reste muet.

> POUPÉE
> *(à la cantonade)*
> Où êtes-vous ?
> Qui me regarde ?
> Je sais que vous êtes là. Vous faites semblant de m'ignorer, mais vous me flairez comme des chiens. Je le sens, vous me guettez...

Un temps.

> J'ai tellement de choses dans ma tête. Et mon corps qui te désire...
> J'ai tellement de choses parce qu'elles se mettent en place, ce n'est pas du désordre, c'est un amalgame, une saturation qui se liquéfie. Un fleuve et ses méandres. Et tout ça coule, s'échappe de moi. C'est reprendre possession de moi, de mon corps, de mes désirs, de mes volontés. Je me suis adaptée à un ordre et, en retour, je n'ai que de l'indifférence ou du reproche. Quelquefois de la condescendance.
> J'ai cru bien faire, j'ai voulu bien faire. On m'a fait croire que l'amour, c'était l'ordre établi, l'ordre qui s'établissait. Mais l'amour est confusion, des atomes en perdition, qui se télescopent. Jamais rien n'est créé par l'ordre, rien de nouveau. L'ordre reproduit. Parce que l'amour, tout le monde en parle, et il est devenu un mot galvaudé comme tous les mots de cette époque qui chute. Tout le

monde en parle, mais le vivre vous consume, le vivre vous brûle et vous épuise, et vous renaissez au monde, à vous-même. L'amour est la dernière utopie, la dernière possibilité d'élévation. Tout ce qu'il nous reste pour essayer de comprendre, pour essayer de vivre. La dernière possibilité de grandeur.

Alors, on va me dire : tu es une femme et tu parles d'amour, un truc de gonzesse. Parce qu'il y en a des femmes qui parlent d'amour, ça oui. Certaines en font même leur fond de commerce, certaines l'exhibent comme un trophée, en réalité elles sont creuses. Mais je ne parle pas d'un amour de midinette, du rose pour les filles ou du bleu pour les garçons. Je parle du désespoir de l'amour, son impossibilité à cohabiter avec la médiocrité. Je parle de l'amour fou, du don de soi total, inconditionnel, non pas de l'inconditionnel qui s'accommode, mais de la peau qui s'arrache, du désir qui inonde votre culotte, du sexe que vous prenez dans votre bouche, de la semence que vous avalez. Savoir ce que signifie être bien baisée, être pleine. Combien d'hommes peuvent vous donner ça ? Combien qui vous donnent tout ce qu'ils ont ? Combien dans une vie ? Je parle de l'amour qui vous fait chuter, qui vous rend jaloux, qui vous torture. Cette peur, cette terreur sourde qu'une autre vous le prenne. Que ses mots soient donnés à quelqu'un d'autre, une autre femme qui ne saurait même pas les écouter. Son intelligence, son corps, ce qui le constitue. Parce que cet amour-là est fragile, parce que le moindre regard, le moindre sourire, la moindre attention adressée à une autre sont un regard, un sourire, une attention qui vous sont soustraits. Je parle de l'amour qui vous apaise, vous fortifie, vous fait écrire des choses déjà dites par d'autres avant vous, qui sont passés par là, comme une fraternité d'hommes et de femmes. Des choses déjà dites et pourtant nouvelles. D'hommes et de femmes qui ont aimé. Vous le verrez dans leurs regards, dans leurs cernes, dans leurs corps sensibles en chair de poule. Vous les verrez et vous les envierez. Vous voudrez être eux, mais vous ne le méritez pas.

Parce que vous tous, la plupart du temps, votre vie, vous êtes lâches.

Et moi aussi, moi comme vous.

Mais voilà que j'ouvre les yeux.

Il faut se soumettre. Non pas à l'ordre, mais au sens. Il faut se soumettre. Non pas à la peur de perdre, mais au risque de tout perdre. Le risque total et complet de la défaite, voilà le courage, la condition que pose le don de soi. Il est à ce prix.

Il faut.

Il faut se pencher à la verticale du désir.

Et puis se laisser aller.

Et alors...

(elle ferme les yeux et sourit)

Et alors, tout devient clair.

(levant la tête, cherchant l'interlocuteur invisible)

Cette nuit, cette nuit qui est peut-être ma dernière, cette nuit je suis venue.

Je viens vers toi, mon homme.

J'arrive.

Elle fait quelques pas, voudrait courir ; prise d'un vertige, elle chute. Elle rampe, s'arrête. Ôte ses escarpins qu'elle lance un peu plus loin, lasse.

VI

POUPÉE
Où êtes-vous ?
Qui pour m'aider à me relever ?
Qui, bon sang ?!

Un HOMME (L'AGRESSEUR) *sort de l'ombre sans bruit. Il est mal
fagoté, il porte une veste en nylon, des chaussures à gland, les cou-
leurs sont tristes, un archétype du fonctionnaire terne et insipide.
Les verres de ses lunettes cerclées de métal ont un effet de loupe et
agrandissent ses yeux.*

AGRESSEUR
(s'asseyant un peu plus loin, d'un ton doux)
Cet amour-là, je ne l'ai jamais connu. Je ne savais
même pas qu'il existait.

*Poupée réagit à sa voix, prise de panique, elle se relève, s'éloigne pour
se soutenir à un des tabourets du comptoir.*

POUPÉE
Foutez le camp !

AGRESSEUR
Je sais.
C'est difficile pour vous.

POUPÉE
J'ai mis du temps à oublier.
Mais c'est toujours là. Une cicatrice qui se réveille
parfois, qui se boursoufle et démange. Une goutte
de café dans le lait. Une tige de métal tordue et
jamais complètement redressée.

AGRESSEUR
(ôtant ses lunettes, les essuyant avec sa cravate)
Il ne vous arrivera plus rien, maintenant.
Castration chimique, la pulsion enfin dominée.

POUPÉE
(reprenant confiance)
Un juste retour des choses.

AGRESSEUR
Enfin libéré. Enfin libre.
Il n'y a pas d'agresseur heureux.
Il n'y a pas d'agresseur au passé heureux.

POUPÉE
Alors, comme ça, il faudrait en plus que je comprenne ?
Toujours comprendre, n'est-ce pas ? Et pardonner ?
Et peut-être même avoir de l'empathie ? Vous consoler ?

AGRESSEUR
C'est vous qui savez.
Je vous dis juste ce qu'il en est. Nous sommes des conséquences. Des actes sur des actes. Des conséquences.

POUPÉE
Et la marge de manœuvre ? Et la volonté ? Et le libre arbitre ?

AGRESSEUR
Je suis faible. J'existe. Je veux que vous sachiez au moins ça : j'existe. Ça ne sert à rien de faire comme si je n'étais pas là, de m'ignorer. De faire

comme si on pouvait m'éradiquer par l'indifférence. Le mal fait aussi partie du monde. Le mal est conséquence du monde.

POUPÉE
Tout existe en miroir.
Jamais je ne vous ai oublié.
C'est ça, le pire. Je ne vous oublierai pas. J'ai oublié un tas de choses belles, mais pas vous. C'est ça, le plus terrible, et même si vous êtes mort et même disparu, ce souvenir-là ne s'efface jamais. Vous rendez-vous compte de ce que vous m'avez pris ? Vous rendez-vous compte ?

AGRESSEUR
On ne naît ni bon ni mauvais, Poupée...

POUPÉE
Ne me nommez pas !

AGRESSEUR
Vous avez raison.
Nous, le mal, nous sommes toujours le fruit d'un temps, d'un lieu, d'une époque ...

POUPÉE
(*ironique*)
Le mâle...

AGRESSEUR
Le mal évolue, s'adapte. Le mal renaît.
Mais comment faire autrement ? Comment faire pour que je n'existe pas ? Je voudrais m'oublier moi-même, ne jamais être né... Sortir de moi, m'oublier tout seul...

(imitant une voix chuchotée, enfantine, démente)
Poupée, Poupée, Poupée...
(reprenant sa voix posée et douce)
C'est comme ça que je faisais, non ?
Regardez, je porte encore mes gants. Et mon pull et mes pantalons. Je m'habillais, j'avais mon rituel. Je partais en guerre. En guerre contre les femmes.

Poupée ne répond pas, bouleversée.

Je ne peux rien faire, madame.
Je ne peux rien faire pour revenir en arrière, pour que cela ne se soit jamais passé.
J'ai commis un acte définitif. Et ça me hante. Ça me hante, aussi. Ce qui est définitif, ce qui est à jamais... C'est pareil que la mort. C'est ça, je crois, le pire à imaginer : que ça ne prenne jamais fin. L'Enfer.

Poupée essuie ses larmes, en silence.

L'agresseur se lève, fait un pas vers elle, puis s'arrête.

Si vous pouviez...
(il enlève ses lunettes, les plie et les range dans la poche de sa veste)
Si vous pouviez me prendre dans vos bras. Une fois. Juste, rien qu'une fois. Peut-être que je serais réconcilié et vous aussi ? Peut-être que vous pourriez au moins ne pas me haïr ? Vous libérer de moi, définitivement ?

Un temps.

Je ne peux même pas dire que je regrette, vous comprenez ?
Vous comprenez ça ?

POUPÉE
Non, vous ne pouvez rien. Plus rien faire.

AGRESSEUR
Venez.
Une dernière fois.

Poupée hésite, s'approche.

L'agresseur la prend dans ses bras.

Là, vous voyez ?
Vous ne vous sentez pas déjà mieux ?
Soulagée ?

POUPÉE
Ça me dégoûte.
Je me dégoûte.

Un temps.

Vous m'avez menti.

AGRESSEUR
Je suis l'agresseur.

POUPÉE
Vous bandez.

AGRESSEUR
La confiance.

Gagner la confiance et puis frapper.
C'est trop tard. Le mal est devenu ma nature.

Poupée ne réagit pas, indifférente soudain.

L'agresseur tient fermement Poupée dans ses bras, pantin disloqué.

C'était bon, Poupée, c'était si bon...
Vos cuisses, votre corps qui refusait, vos cris...

POUPÉE
(mimant la copulation)
Ma raison qui refusait, mon corps qui y prenait
du plaisir. Malgré lui, un tout petit plaisir, comme
une honte, comme une infamie...
Non, je ne veux pas, non !

L'agresseur continue, forcé par son désir.

Poupée se love soudain contre lui, douce.

Je vous aime.

L'agresseur s'arrête, stupéfait. La repousse.

Elle lui touche l'entrejambe.

C'est déjà fini ?
Vous ne bandez plus ?

AGRESSEUR
Je n'ai pas l'habitude, il faut que vous ayez peur,
nom de Dieu !

POUPÉE
Je vous aime.

L'agresseur la gifle.

Je vous aime.

Il est sur le point de la gifler une nouvelle fois, quand Max sort de l'ombre et enroule un lacet de cuir autour du cou de l'agresseur. Max serre, l'agresseur perd pied, son corps se relâche progressivement.

Poupée approche, ironique et dédaigneuse.

Je vous aime.

Max donne une dernière torsion sur le lacet de cuir.

L'agresseur cesse de bouger.

MAX
(emmenant le corps qu'il traîne à reculons)
De la vermine, une engeance.
Repenti ou pas. De la vermine. Crache-lui dessus, Poupée.

Poupée se tourne, ignore Max et son fardeau. On la devine désemparée.

Elle prend une cigarette dans le paquet sur le comptoir. Se dirige vers le juke-box. Sélectionne une chanson, puis donne un coup de pied dans l'appareil pour le faire démarrer.

Musique : mais c'est elle qui chante à la place du juke-box.

Poupée chante, se met à bouger lentement. Elle retourne au bar, se verse un verre, le boit. Se remet à danser tout en chantant.

Elle essaie de sourire. Elle s'efforce à quelque chose qui serait de l'oubli, de la légèreté. Un envol ?

Bruit d'un coup de feu : l'oiseau est fauché. La musique s'arrête. Silence.

Max revient, il traîne son fusil au sol, le laisse tomber. Il rejoint le bar comme si de rien n'était mais sa démarche est incertaine. Livide, il fait comme d'habitude, prend une serviette, essuie le comptoir, la pompe à bière.

Max grimace, se touche le flanc. Une tache rouge apparaît sous sa chemise.

>   POUPÉE
>   Max !
>   Qu'est-ce qu'il t'arrive ?!

Silence.

>   Tu es blessé, mon Dieu !

Poupée se précipite vers Max pour le soutenir.

>   Faut pas, Max.
>   Faut pas.

Elle se dirige vers le divan.

MAX
(se figeant)
Debout, Poupée.
(il se dégage de Poupée et se retient à une barre métallique)
C'est déjà assez humiliant comme ça. De devoir
quitter. De faillir à ma promesse.
Au moins ça.
Debout.

POUPÉE
Quelle promesse, Max ?

MAX
Celle où tu y arriverais.
Rejoindre celui qui t'attend, celui que tu aimes.

POUPÉE
Mais...
Il n'y a personne, Max, personne.
Celui que j'aime sont des mots. Il est un désir, un
espoir, un souhait.
Celui que j'attends, celui vers qui j'aurais voulu aller...

MAX
(s'efforçant de sourire)
Alors comme ça, je serai le dernier. C'est bien.
Le premier et le dernier.

POUPÉE
On était jeunes, Max.
On était beaux.
Tu te souviens de quand on était éternels ?

MAX
J'ai fait ce que j'ai pu. Ils vont venir. Ils ont gagné.
La mort l'emporte toujours.
On est seuls, Poupée.
On est seuls et on tombe.
On meurt couchés.

Max s'effondre au sol.

Le courant est alterné. Des bruits, comme des chuchotements, des frôlements.

Poupée regarde autour d'elle.

POUPÉE
Alors, c'est ça ?
C'est donc ça ?
C'est donc comme ça ?

Le drap blanc du début tombe devant la scène. Un texte projeté s'écrit au fur et à mesure, des caractères d'imprimerie tapés à la machine.

De derrière le drap, Poupée dialogue avec le texte.

L'INCONNU
Ne te retourne pas, Poupée.

POUPÉE
Pourquoi ?
J'ai été lâche, moi aussi ?
Qu'est-ce qu'il faut que je dise ?

L'INCONNU
Non, Poupée. Jamais.
Ne dis rien. Ce n'est plus nécessaire.

POUPÉE
Comment faire ?
Trahir, se perdre, trahir encore et puis trouver ?
Où es-tu, mon homme ?

L'INCONNU
Je suis là, Poupée.
J'ai toujours été là. Dans ce qui te semblait le plus
insignifiant, dans tes gestes les plus anodins, ce
qui au fond te révélait.

POUPÉE
Mes gestes secrets...

L'INCONNU
Oui, Poupée.
Ton intimité intime.
Maintenant, écoute-moi...
Ou lis ça.

POUPÉE
C'est trop...

L'INCONNU
Chut.
C'est moi qui parle.
Parfois...
Mon élan,
oui le bruit du train et tout,
le fracas du monde,
mais là, accueille ça et prends-le et tais-toi.

Poupée apparaît sur le devant de la scène.

POUPÉE / L'INCONNU
(lisant par-dessus les mots qui s'écrivent)
Je suis folle de toi.
Je t'aime.
Mon intégrité est menacée.
De justesse je n'ai pas prononcé ton nom.
Parce que tu es pour moi le plus grand.
Le seul.
L'euphorie qui m'habite.
La recherche de ramifications.
L'extrapolation.
Tout ramener à toi, là où est mon cœur.
Jusqu'à négliger le reste.
Ou pas. Le reste étant forcément un peu toi, encore.
Voilà.
Je vais timbrer.
J'en ai terminé.
J'ai fini ma vie.

Le texte s'efface.

Un ANGE NOIR apparaît, il s'approche de Poupée.
Délicatement, il lui prend la main et l'emmène avec lui.
Poupée tourne une dernière fois la tête, regarde le public.
L'Ange noir et Poupée quittent la scène.

Noir.

ÉPILOGUE

L'image de la loge apparaît projetée sur le drap, en grand, là où apparaissait le texte.

Poupée s'assied dans sa loge. On voit uniquement son buste et son visage éclairés par les ampoules autour du miroir.

Poupée ôte sa perruque blonde, commence à se démaquiller.

> POUPÉE
> Je voudrais que ce soit un matin lumineux
> l'air sera tiède, pas encore chaud
> le sable humide sous la surface
> les mouettes dans le ciel, les goélands
> et plus haut la trace des avions
> Je verrai la mer depuis ma chaise
> une dernière cigarette un dernier café
> je ne ferai aucun bilan
> je serai juste là
> assise, les yeux plissés par l'éclat du soleil
> J'espère être vieille

paisible, la peau brûlée et ridée
le cœur usé par les heurts et les soubresauts
les bras déliés, les muscles encore tendus
la poitrine qui se soulève
Tu me trouveras souriante
juste endormie, pieds nus
la tête de côté, les jambes croisées sur les chevilles
comme pour une sieste éternelle
et reconnaissante
Tu seras vieux toi aussi
moins vieux et plus beau
encore comme toujours
des larmes couleront en silence
dans tes sillons
Tu ne t'inquiéteras pas
tu t'accroupiras, embrasseras mes doigts
la ligne du cœur encore chaude
mon alliance sur tes lèvres
*(nous regardant droit dans les yeux maintenant, un
sourire lumineux, apaisé)*
ce jour où tu m'as dit oui.

Noir.

FIN

Les Hommes créé au Pulloff Théâtres, à Lausanne, le 4 septembre 2018 dans une mise en scène d'Anne Vouilloz et de Joseph Incardona

Sur scène :
Anne Vouilloz, Frédéric Polier, Antonio Buil, Martin Bochatay et Lucien Merrone

À l'écran :
Edmond Vullioud, Roland Vouilloz et Adèle Bochatay

Au téléphone :
Jean-Paul Favre

Séquences filmées : Cyril Bron
Scénographie : Célia Zanghi
Lumières : Jean-Pierre Potvliege
Costumes : Sophie Haralambis
Coiffures et maquillages : Johannita Mutter
Régie : Patrick Guex
Assistant à la mise en scène : Giuseppe Merrone
Photographie : Anne Voeffray
Graphisme : Marc-Antoine de Muralt
Production : Compagnie Anne Vouilloz

Du même auteur

ROMANS, NOUVELLES

Banana Spleen, BSN Press, 2018

Les Poings, BSN Press, 2017

Chaleur, Finitude, 2017
(Prix du polar romand 2017)

Permis C, BSN Press, 2016
(Prix du Roman des Romands 2018)
(En poche : *Une saison en enfance*, Pocket, 2018)

Derrière les panneaux, il y a des hommes, Finitude, 2015
(En poche : Pocket, 2017)
(Grand prix de littérature policière, Paris 2015)

Aller simple pour Nomad Island, Seuil, 2014

Le Cul entre deux chaises, BSN Press, 2014

Misty, Baleine, 2013

Trash Circus, Parigramme, 2012
(En poche : Bragelonne, 2017)

220 Volts, Fayard, 2011
(En poche : Bragelonne, 2016)

Lonely Betty, Finitude, 2010
(Grand prix du roman noir français, Beaune 2011)

Remington, Fayard, 2008

Taxidermie, Finitude, 2005

Dans le ciel des bars, Delphine Montalant, 2003
(En poche : Pocket, 2006)

THÉÂTRE

37 m², Campiche, 2009

[guRmâdiz], Pulloff, 1999

ROMANS GRAPHIQUES

220 Volts, Sarbacane, 2015

Lonely Betty, Sarbacane, 2014

Petites Coupures, Les Enfants Rouges, 2009
(Prix « One Shot », Cognac 2009)

Dans les cordes, Les Enfants Rouges, 2008

Fausse Route, Les Enfants Rouges, 2008

Gilles de Montmollin
Latitude noire [roman policier],
collection « Fictio », 2017.

Antonio Albanese
Voir Venise et vomir [roman noir],
collection « Fictio », 2016.

Jean-Yves Dubath
Un homme en lutte suisse [roman],
collection « Fictio », 2016.

Vincent Yersin
Lettre de motivation [poèmes],
collection « Fictio », 2016.

Marius Daniel Popescu
Vente silencieuse [poèmes],
collection « Fictio », 2016.

Ariel Bermani
Veneno [roman],
collection « Fictio », 2016.

Joseph Incardona
Permis C [roman],
collection « Fictio », 2016.

Marie-José Imsand
Le Musée brûle [roman],
collection « Fictio », 2016.

Jean-Luc Fornelli
Les Feuilles du mal [nouvelles],
collection « Fictio », 2015.

Olivier Chapuis
Le Parc [roman noir],
collection « Fictio », 2015.

Jean-Yves Dubath
Des geôles [roman],
collection « Fictio », 2015.

Jean Chauma
À plat [roman noir],
collection « Fictio », 2015.

Ariane Ferrier
Fragile [chroniques],
collection « Fictio », 2014.

Dominique Brand
Tournez manège ! [nouvelles],
collection « Fictio », 2014.

Matteo Di Genaro
Une brute au grand cœur [roman noir],
collection « Fictio », 2014.

Gilles de Montmollin
La fille qui n'aimait pas la foule [roman policier],
collection « Fictio », 2014.

Joseph Incardona
Le Cul entre deux chaises [roman],
collection « Fictio », 2014.

Pierre Fankhauser
Sirius [roman],
collection « Fictio », 2014.

Laure Mi Hyun Croset
On ne dit pas "je" ! [récit],
collection « Fictio », 2014.

Liliana Cora Fosalau
Déshistoires [poèmes],
collection « Fictio », 2014.

Louise Anne Bouchard
Rumeurs [roman],
collection « Fictio », 2014.

Fred Valet
Jusqu'ici tout va bien [récit],
collection « Fictio », 2013.

Jean Chauma
Échappement libre [roman noir],
collection « Fictio », 2013.

Florence Grivel
Conquistador [récit],
collection « Fictio », 2013.

Marius Daniel Popescu (éd.)
Léman Noir [nouvelles],
collection « Fictio », 2012.

Louise Anne Bouchard
L'Effet Popescu [récit],
collection « Fictio », 2012.

Dominique Brand
Blanc Sommeil [poèmes],
collection « Fictio », 2011.

Jean Chauma
Le Banc [roman noir],
collection « Fictio », 2011.

bsnpress.com

Ouvrage réalisé par BSN Press
www.bsnpress.com

1re édition

Impression et reliure : Pulsio, Sofia

Conception graphique : Marc Dubois, Lausanne

ISBN 978-2-940516-85-8